決定版
バスレク
セレクション①
なんでもビンゴ・うそほんと ほか

汐文社
ちょう ぶん しゃ

● どこでもいつでも誰とでも ●

●教室やお楽しみ会で

　この本に収載した遊びやゲームは、バスの中だけでなく、教室でもできるものばかりです。学芸会や学習発表会の幕の間のレクリエーションや、クラスのお楽しみ会などの行事で遊ぶときにも利用できます。

　バスレクとして紹介した遊びは、椅子に並んで座っていなければならないときに、室内レクで紹介した遊びは、講堂や広い部屋で身体を動かすことができるようなときにやってみましょう。

　ホームルームや授業のはじまりの短い時間にできる遊びもたくさんあります。先生にリードしてもらうのもいいもしれません。もちろん、みなさんが自分たちで決めて進めていくことができたら、楽しいクラスになることまちがいなしです。

●「酔っちゃうかも」という気持ちを忘れるように

　クラスの友だちといっしょの遠足や移動教室は、一生の思い出になるたいせつな行事です。でも、長時間のバス旅行はバス酔いしやすい人にとっては、考えただけで「恐怖」かもしれませんね。「酔っちゃうかも」という気持ちを忘れさせてくれるのが、「バスレク」です。だからバスレク係の仕事はとても大事です。
自由に動き回ることができず、シートベルトをして座っているだけの時間はとてもたいくつ。トランプや UNO もできるけど、下を向いたり、近くのものを見続けたりしていると酔ってしまいます。DVD 鑑賞も揺れる車内で画面を見つめ続けるのはやっぱり酔う原因に。カラオケは声を出し、身体でリズムを取るので、バスの揺れも気にならなくなるし、発散できるのでいいかもしれないね。だけど、みんなで歌えるような歌は限られているんじゃないかな？

　ひとつのことだけやるのではなく、この本に出ている遊びから選んで、いろんな遊びをしてみましょう。縦の列で遊んだり、横の列で遊んだり、声を出したり、動かせる範囲でからだを動かしたり、時々、頭も働かせたり。ひとつの遊びは 15 分くらいにし

て飽きずにできるように考えてみましょう。「バスの中がいちばん楽しかった！」と思ってもらえたらバスレク係としてすごくうれしいよね。

●準備と予行練習をしっかりと

どんな遊びもそうだけど、本で読んだことをそのまますぐやろうとしてもおもしろくありません。リーダーにはみんなに「おもしろそう」と思ってもらったり、進行で「おもしろがらせる」ような工夫も必要なのです。

まずは、リーダーたちで遊んでみましょう。その時に、みんなにどう説明したらわかりやすいかも考えましょう。バスの中では、みんな前を向いているので、目で見てわかるようにするためには、リーダーで遊んでいる様子をわかりやすく撮影して短い動画を作り、バスのテレビで見せるのもいいかもしれません。

それ以上に有効なのは、遠足や旅行の前に、クラスみんなで遊んでみることです。自由に体を動かすことができる環境で十分に遊んで、その楽しさを全身で感じることができれば、狭い車内でも十分に楽しむことができます。もしかしたら動くのが不便な分、動ける時以上の「おもしろさ」が出てくるかもしれません。

遊びの楽しさは、リーダーだけががんばってつくるものではなく、みんなで作り出すものです。「楽しかった！」という最高の思い出は、クラスのみんなのまとまりがあってこそ得られます。クラスみんなを巻き込む準備と予行練習がバスレク成功の最大のポイントです。

●休憩時間をとりましょう

いくら楽しくても、遊び続けていたら疲れてしまいます。休憩時間もちゃんと考えておきましょう。窓の外の風景を楽しんだり、となりの席の友だちとのおしゃべりを楽しんだりすることもバス旅行でだいじなことです。景色が良く、揺れの少ない高速道路や自動車専用道路を走っているときが休憩ポイントです。

信号が多くて止まったり走ったりがくり返される町中や曲がりくねった山道など、「酔いやすい」条件のところを中心にバスレクをおこないましょう。出発直後は、頭を使わずに、軽く身体を動

かすような簡単な遊びによって、バスの動きに体が慣れるようにしていきましょう。

　どのタイミングでどのようなバスレクを行うかをプログラムするには、バスが走るコースをよく知っていなければなりません。旅行前に現地までのバスのコースを先生に聞いたり、地図で調べたりして、どこでバスレクをはじめるのか、休憩時間をどこで取るのかを考えておきましょう。

●あそびのブームのきっかけに

　「バスレクでやったあの遊びをやりたい！」旅行のあとのクラスでそんな声が出たらすてきですね。バスレクで使える遊びは、いつでもどこでも誰とでも短時間でできるのが魅力です。バス旅行がクラスの遊びブームのきっかけになれたらいいですね。

先生方へ

　子どもたちの遊び世界に電子ゲームや YouTube などのインターネット文化が深く入り込み、子どもどうし、コミュニケーションを活発におこないながら遊びを発展させていくことが困難になってきています。遠足や移動教室などの長時間生活を共にする行事は、そうした「日常」から離れ、生のふれあいを通して、友だち関係を深めていく大きなチャンスです。子どもたちが自ら遊び出し、笑顔あふれる関係と空間をつくり出し、一声かければみんながすぐに参加でき遊ぶことができるような遊び文化にあふれたクラスをつくるきっかけになることを願ってこの本を書いています。

　遊びは子どもの主食であり、生きることそのものです。遊びを通して子どもたちはいのちのエネルギーを最大限に発揮し、成長していきます。その真っただ中にいられるのが何よりの醍醐味です。子どもたちの魂をゆさぶるような「遊ぼう」という呼びかけの先頭にまず先生が立ってくださることを期待しています。

楽しいバスレクアイデアガイド3
決定版! バスレク・セレクションガイド
もくじ

どこでもいつでも誰とでも ▶2

じゃんけんリレー ▶6

はないちもんめバスレクバージョン ▶8

でんでんむし ▶10

グリンピース ▶12

にらめっこ空中うでずもう ▶14

うそほんと ▶16

じゃんけん関所 ▶18

なんでもビンゴ ▶20

手紙送り ▶22

「ん」のつくことばリレー ▶24

「鼻鼻」 ▶26

いろはにこんぺいとう ▶28

シンメトリーゲーム ▶30

一筆描きリレー ▶32

ワンフレーズ歌リレー ▶34

中あてゲーム ▶36

あんたがたどこさじゃんけん ▶38

新聞レイ競争 ▶40

リレー作文 ▶42

音あてゲーム ▶44

ダーツゲーム ▶46

遊び道具を使わずに楽しむ ▶48

室内遊び ▶49

ダルマ落とし ▶50

座布団リレー ▶52

バナナオニ ▶54

フチオニ ▶56

成長じゃんけん ▶58

巨大リバーシ ▶60

じゃんけんとり ▶62

バルーン風船リレー ▶64

3億円ゲーム ▶66

ハンカチ取りオニ ▶68

切り離しオニ ▶70

王さまとり ▶72

下剋上じゃんけん ▶74

靴下リレー ▶76

背文字送り ▶78

じゃんけんリレー

用意するもの

●バトンの代わりのぬいぐるみなど

縦2列ずつの対抗ゲーム

▼

1 　1列目と3列目の人でリレーします。ぬいぐるみなどをバトン代わりにします。

▼

2 　1列目の人はとなりの2列目の人と、3列目の人は同じく4列目の人とじゃんけんをし、勝つまでくり返します。

▼

6

3 じゃんけんに勝ったら後ろの席の人にぬいぐるみを送ります。

勝ったら後ろへ

| | | | | |
|1|2| |3|4|

4 いちばん後ろの席の人がじゃんけんをして勝ったら終わりです。

勝ち　いちばん後ろの席

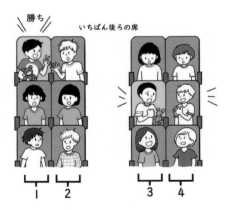

| | | | | |
|1|2| |3|4|

5 次に２列目と４列目でリレーをします。２列目は１列目と４列目は３列目とじゃんけんをします。

6 勝った列どうし、負けた列どうしでリレーをして、順位を決定します。

はないちもんめバスレクバージョン

用意するもの

●ありません。

縦2列ずつの対抗ゲーム

▼

通路をはさんで右の2列と左の2列で対抗し、ポイントを競います。

1 「そうだんしよう」「そうしよう」で、先頭の席の味方2人で相談し、相手チームの先頭の席の2人のうち、だれが欲しいかを決めます。

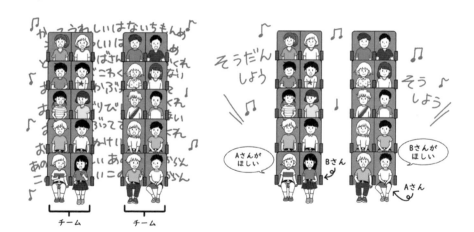

チーム　チーム

2 「Aさんがほしい」「Bさんがほしい」で、AさんとBさんがじゃんけんをします。勝った方の列に1ポイント入ります。

負け　　勝ち 1ポイント

3

次に前から２つ目の席の人が相談し、じゃんけんをします。

4

いちばん後ろの席の人が終わったら、それぞれの列のポイントを集計して勝敗を決めます。

＊うた
かってうれしいはないちもんめ
まけてくやしいはないちもんめ
となりのおばさんでてきておくれ
おにがこわくていかれない
おふとんかぶってでてきておくれ
おふとんびりびりいかれない
おかまかぶってでてきておくれ
おかまそこぬけいかれない
あのこがほしい
あのこじゃわからん
このこがほしい
このこじゃわからん
そうだんしよう
そうしよう

バリエーション

1. 全部の席で同時におこない、最初に相手の列の２人を奪った列を勝ちとします。

2. 全員で合わせておこなうのでなく、制限時間内に４人で何回もくり返して、ポイントを競い、その合計点で列の勝敗を決めます。

でんでんむし

●ありません。

みんなで楽しむ指遊び
▼

1
左右の親指と人差し指の指先をくっつけてひし形をつくります。
▼

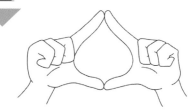

2
♪かたつむりの歌を歌いながら、左右の指を尺取り虫のように動かします。

❶

❷
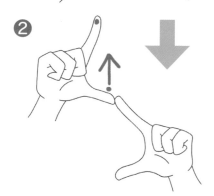

❶拍　右手の親指を左手の人差し指に
❷拍　右手の人差し指を上に伸ばす
❸拍　左手の親指を右手の人差し指に
❹拍　左手の人差し指を右手の人差し
　　　指につける
❺拍　左手の親指を右手の人差し指に
❻拍　左手の人差し指を上に伸ばす
❼拍　右手の親指を左手の親指に
❽拍　右手の人差し指を左手の人差し
　　　指につける

横並びの4人でそろえてみましょう。
最初はゆっくり歌い、だんだん速くしていきます。
間違えずに速く指を動かせるかな？

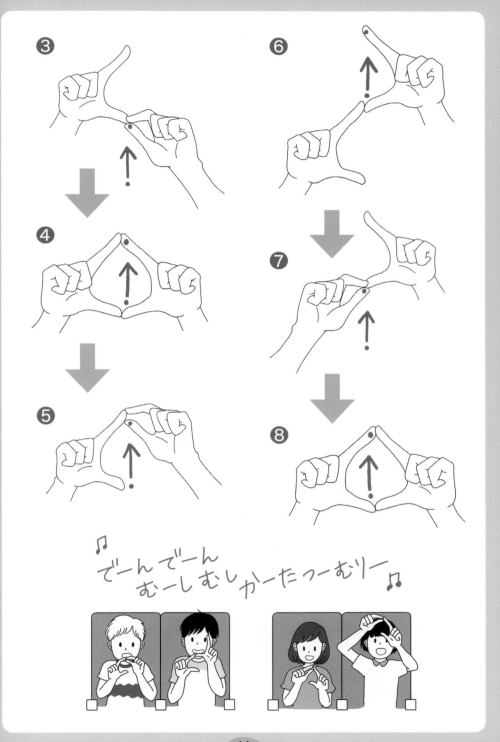

❸ ❹ ❺ ❻ ❼ ❽

♪ でーんでーん
むーしむし かーたつーむりー ♫

グリンピース

●ありません。

となりの席の人とおこなう遊び

子どもたちにはポピュラーなじゃんけんあそび

1 「グリンピース」と言いながらじゃんけんをする。

2 勝った人が、次のように言ってじゃんけんを続ける。
「○○○」のところには、次に出すものを言う。

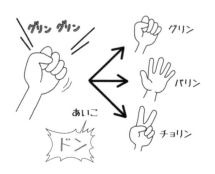

グーで勝ったら、
「グリングリン」「○○○」
パーで勝ったら、
「パリンパリン」「○○○」
チョキで勝ったら、
「チョリンチョリン」「○○○」

「○○○」
グーは「グリン」、
パーは「パリン」、
チョキは「チョリン」

例：「グリングリン　チョリン」

3

あいこになったらすばやく「ドン」と言う。相手より速くドンと言った人の勝ち。

バスの中でおこなうときは、「サンマ（3回連続で勝つ）」、「ゴマ（5回連続で勝つ）」をクリアした人に手をあげてもらい、だれがいち早くクリアできるかを競うことで、2人でおこなう遊びがみんなのものになります。

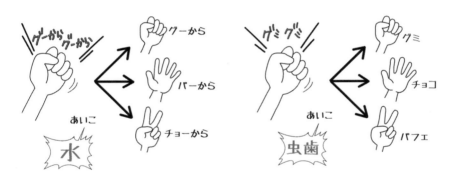

バリエーション

●カレーライス
「カレーライス」と言いながらじゃんけん。グーは「グーから（辛）」、チョキは「チョーから」、パーは「パーから」。あいこになったときに、「水」と言います。

●お菓子
「お菓子」と言いながらじゃんけん。グーは「グミ」、チョキは「チョコ」、パーは「パフェ」。あいこになったら「虫歯」と言います。

●エレベーター
「エレベーター」と言いながらじゃんけん。グーは「地下」、チョキは「2階」、パーは「5階」。あいこになったら「ピンポン」と言います。

にらめっこ空中うでずもう

用意するもの

●ありません。

となりの席の人と遊びます。

▼

1 腕相撲の形で手をつなぎます。

▼

2 つないだ手のひじを反対側の手でささえ、体に引き付けてひじが動かないようにします。

▼

3 「だるまさんだるまさんわらうと負けよあっぷっぷ」でにらめっこをしながら腕相撲をします。

♪ だるまさん だるまさん わらうと まけよ ♪

あっぷっぷ

ぎゅっ

14

笑ってしまった人、腕を倒された人が「負け」です。

笑ったら「負け」

腕を倒された方が「負け」

 腕を変えて、左右両方の手で対戦してみましょう。

＊腕の強さを競うというよりも、相手を笑わせて試合にならなくさせることを
　楽しみます。

うそほんと

用意するもの

●ありません。

横並びの4人がチームになって遊びます。

1 横並びの4人で相談して、「うそ」、「ほんと」の2択で答えられる問題を考えます。

例:「ゾウの足の指は人間と同じ5本ある。うそですか?ほんとうですか?」

2 順番に「うそですか?ほんとうですか?」と問題を出していきます。

うそ

ほんと

質問
ぞうの足の指は人間と同じ5本である

3

答える人は、横並び（なら）の４人で相談して、「うそ」か「ほんと」のどちらかに手をあげます。

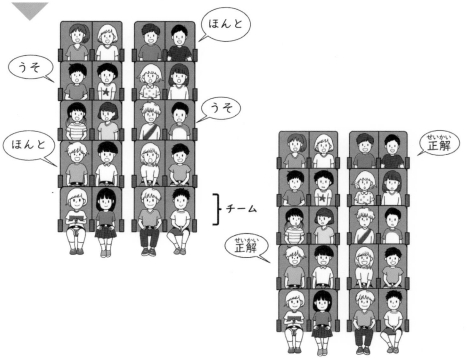

4

全チームが問題を出し終わったときに、正解（せいかい）が多かったチームの勝ちです。

正解数（せいかい） 3
正解数（せいかい） 2
正解数（せいかい） 4
正解数（せいかい） 6
正解数（せいかい） 3

＊「例」の答え…「ほんと」（６本目の指があるという研究もあるよ）

じゃんけん関所

用意するもの

●ありません。

縦の列がチームになって遊びます。

1 リーダーの声に合わせて先頭の4人がじゃんけんをします。リーダーから見えるように手を高くあげましょう。

リーダー

2 リーダーに勝ったら、後ろの席の人とじゃんけんを交代します。負けた人、あいこの人は勝つまで交代できません。

チーム

じゃーんけーん

3

いちばん後ろの人がリーダーに勝つことができたら「ゴール」です。どのチームが速くゴールできるかを競います。

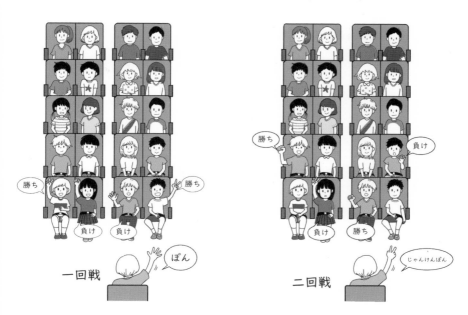

一回戦

二回戦

なんでもビンゴ

用意するもの

● 5×5のマスを印刷した画用紙と
鉛筆をチーム数 × ゲーム数分

横の列の4人がチームになります。

1 5×5のマスが描かれた紙を各チームに配ります。

2 「お題」を決め、4人で相談しながらお題に合うものの名前をそれぞれのマスに書き入れていきます。

例：お題＝「魚の名前」

さんま	ヒラメ	アユ	グッピー	カワハギ
スズキ	ふな	ハゼ	ピラニア	タイ
サメ	とびうお	ブリ	いわし	あじ
金魚	ワカサギ	かつお	カレイ	まぐろ
カジキ	コイ	カンパチ	ふぐ	スズキ

〕 チーム

20

3

先頭のチームから順に、自分のマスに書いたものの名前を言っていきます。その名前が書かれていれば、そのマスに「〇」をつけます。

4

縦・横・斜めの列のいずれか4つのマスに「〇」がついたら「リーチ」、5つのマスに〇がついたら「ビンゴ」を宣言します。

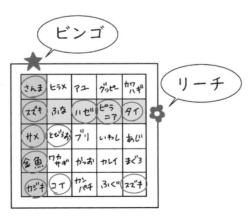

5

どのチームが速く「ビンゴ」を完成させるかを競います。

手紙送り

●画用紙　●鉛筆

縦の列がチームになります。

1 先頭の人から順番に画用紙にひらがなを1文字ずつ書き、手紙を完成させるゲームです。

チーム

2 いちばん後ろの人は、2文字書き、前の人に戻します。

3 順番に1文字ずつ書きながら前に送ります。

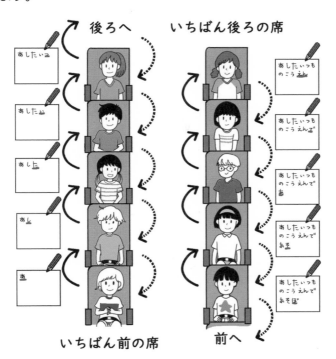

4 先頭の人は、最も少ない文字数で手紙が完成するように書き足します。

後ろへ　　いちばん後ろの席

あしたい⊐

あした⊥

あし上

あし⊥

上

あしたいつも
のこう え�

あしたいつも
のこう えん�

あしたいつも
のこう えんで
⊥

あしたいつも
のこう えんで
あ⊥

あしたいつも
のこう えんで
あそぼ⊐

いちばん前の席　　　　前へ

5 書かれた手紙を発表し、どの列の手紙がユニークかを評価(ひょうか)しあいます。

こんな手紙になったよ！

あしたいつもの
こうえんで
あそぼう
いいؤ

きょうはみんな
でコアラが
きてますに
なるよ

いまはバスのうえ
にのっています
さつかうみる

さっきくんは
まいにち1この
ぶどうをかじ
ない

例：（縦(たて)10席の場合）

1　2　3　4　5　6　7　8　9　10　9　8　7　6　5　4　3　2　1
あ→し→た→い→つ→も→の→こ→う→えん→で→あ→そ→ぼ→う→ね→い→い→よ

バリエーション

　手紙の文章がつながるように考えながら書きましょう。また、ユニークさを競うゲームですので、各自のセンスを生かして、完成文を想像しながら書くこともたいせつです。

　次の人に指示などはしないでくださいね！ 列の人数に応じて1人当たりの文字数を2文字とか3文字などにしてもよいでしょう。

「ん」のつくことばリレー

用意するもの

●ありません。

縦(たて)2列ずつがチームになります。

1 となり合う2人で相談して「ん」のつく言葉を5秒以内に言います。

例：きりん、らいおん、きんかん、ぱんだ…

チーム

2 両方のチームが制限(せいげん)時間内に言えたら後ろの席の2人が答える番になります。

リンゴ
えーと
えっと
あんこ
ぱんだ

えっと
インコ
ライオン
きりん
さんま

24

3 10秒以内に答えることができなかったら「マイナス1ポイント」
となります。前に出た言葉は使えません。

4 いちばん後ろの人までいったら1ゲーム終了です。マイナスポ
イントが多いチームが負けです。

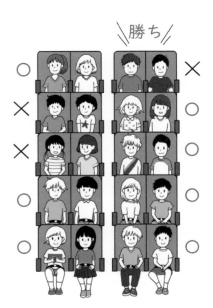

バリエーション

●「最後に『ん』がつくことばはアウト」とか、「真ん中に『ん』がつく3文字
のことば」とか、お題を難しくしてくり返してみましょう。
　例：あんま、あんか、いんこ、いんく、うんち、うんが、えんま、おんさ…
●「つ」で終わることばでリレーするとか、いろいろ変えてみましょう。
　例：えんぴつ、さんぱつ、ぱんつ、あかまつ、かつれつ、じゅうしまつ…

「鼻鼻」

用意するもの

●ありません。

同じ列の人、2人から4人で遊びます。

1 ＊2人で遊ぶ場合
じゃんけんをします。

2 勝った人がリーダーになります。鼻を指で押さえながら、「はな、はな、はな、はな、くち」のように、最後のところで、口、目、耳、鼻のどれかを指で押さえます。

3 負けた人は、勝った人の真似をして、鼻を4回指で押さえた後に、口、目、耳、鼻のどれかを指で押さえます。

4 リーダーと同じ場所を押さえてしまったらアウトです。違う場所を押さえることができたら、リードする役を交代します。

＊3人以上で遊ぶ場合
1．リーダーになる順番をじゃんけんなどで決めます。
2．リーダーを交代しながらゲームを進めます。
3．「5回アウトになったら変顔をして見せる」とか、「ギャグを1つ言う」とか、みんなで楽しめる「バツゲーム」を相談しておくとより楽しめます。

バツゲーム

バリエーション

　リーダーと同じ場所を押さえることができたら「勝ち」とします。リーダーは、「目」と言いながら「耳」を押さえるなど、言葉と動作を違えて、メンバーを惑わせます。

いろはにこんぺいとう

用意するもの

●ありません。

同じ列の人4人で遊ぶ連想ゲームです。

▼

1 答える順番を決めます。

▼

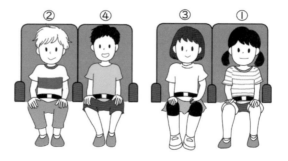

2 「いろはにこんぺいとう　こんぺいとうはあまい」とみんなで言います。

▼

28

3

いちばんの人から連想するものをリズムよく言っていきます。

「あまいはさとう」（1 番の人）　　「さとうはしろい」（2 番の人）
「しろいはうさぎ」（3 番の人）　　「うさぎははねる」（4 番の人）
「はねるはカエル」（1 番の人に戻る）　・・・・・・

④ うさぎははねる　　　　　① あまいはさとう！

② さとうはしろい　　　③ しろいはうさぎ　　　⑤ はねるはかえる

4

言葉がつまったり、言いよどんだり、一度出たものを言ってしまったり、リズムを壊したりした人はアウトです。

さかなは…えーと　　　　　牛乳はしろい

アウト！　　　　　一度出たものなので
　　　　　　　　　　　　　　アウト！

5

最初からやりなおします。アウトになった人が、いちばんになります。1 回戦目で出た言葉を使ったらアウトです。

6

列ごとにしばらく遊んで、3 回アウトになった人には、休憩所や目的地で何か楽しいことをやってもらいましょう。

シンメトリーゲーム

となりの席の人と遊びます。

1 「シンメトリー」と言いながらじゃんけんをします。

2 勝った人が先攻です。「シンメトリー」と言いながら、てきとうなポーズをとります。

3 負けた人は、同時に勝った人と同じポーズをとります。

4 すぐに真似<ruby>真似<rt>まね</rt></ruby>できなかったり、鏡<ruby>鏡<rt>かがみ</rt></ruby>に映<ruby>映<rt>うつ</rt></ruby>ったときのように左右逆<ruby>逆<rt>ぎゃく</rt></ruby>になったらアウトです。

すぐまねできなくて
アウト

左右が逆で
アウト

5 同じポーズができたら、最初のじゃんけんに負けた人が、「シンメトリー」と言いながら好きなポーズをとります。

6 どちらかがアウトになるまで交互<ruby>交互<rt>こうご</rt></ruby>にくり返していきます。

7 列ごとにしばらく遊んで、5回アウトになった人には、休憩所<ruby>休憩<rt>きゅうけい</rt></ruby>や目的地で何か楽しいことをやってもらいましょう。

一筆描きリレー

用意するもの

●画用紙とサインペンをチーム数分

縦の列がチームになります。

▼

1 お題を決めます。

▼

例：パンダ

チーム

2 先頭の人から順に一筆ず
つ描いていきます。制限
時間は5秒です。

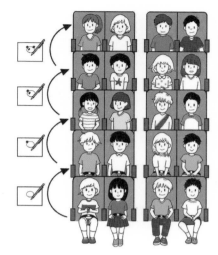

 3 いちばん後ろの人が描き終えたらできあがった作品をみんなで見
て、「ベストで賞」（得点2点）と「ベターで賞」（得点1点）を
決めます。

お題「パンダ」

4 5回戦をおこない、最も得点
が高かったチームの優勝です。

バリエーション

　お題を先頭の人にだけ伝えます。後ろの人は、描かれた絵から推理して一筆ず
つ描きたしていきます。最後の人が描き終えたらお題を発表。お題に似ている絵
が描けたチームに得点を与えます。

33

ワンフレーズ歌リレー

用意するもの

●ありません。

横の列の人がチームになります。

▼

1 歌のしりとりゲームです。

▼

2 チームで相談して歌詞のワンフレーズ（4拍子2小節分）を歌います。

何する？

あれは？

えっと—

}チーム

3 次のチームは、相談して、最後の文字ではじまる歌のワンフレーズを歌います。歌うのは歌詞のどの部分からでもかまいません。（相談タイムは１０秒です。）

例：① もしもしかめよ　かめさんよ　「よ」（もしもしかめよ）
　　 次は、「よ」からはじまるフレーズになります。

4 歌が出てこなかったらアウトです。そのチームは「マイナス１ポイント」となります。

5 次はアウトになったチームからスタートします。

6 いちばん後ろの席のチームまで進んだら、先頭の席のチームにつなぎます。

7 マイナスポイントが多かったチームに何か楽しいことをやってもらいましょう。　例：好きな歌を１曲歌ってもらう

中あてゲーム

●紙袋とお題になる品物
（それぞれ４つ×ゲーム数分）

中身が見えない袋

縦の列がチームになり、１列ずつおこないます。

▼

1 中が見えない紙袋にお題になる品物を入れ、袋の口を閉じます。

?

2 前の人から順番に紙袋を後ろに送ります。

▼

3 自分の番になったら１０秒間だけ袋の上から中のものを探ること
ができます。

なんだろう、これ

10秒

さわ
さわ
さわ

4 最後の人に袋が回るまでしゃべってはいけません。
しゃべったらそのチームはアウトになります。

チーム　　1列ずつ行う

5 最後の人が終わったら、全員同時に
答えを言います。

テニス
ボール　　−1ポイント

野球の
ボール

テニス
ボール

野球の　　−1ポイント
ボール

テニス
ボール

答え

6 横並びの人が何と答えたかチェックしましょう。

7 チームの全員が正解であればマイナスポイント無し。不正解の人
がいたらその人数だけマイナスポイントとなります。

8 列ごとに順番におこない、いちばんマイナスポイントが多かった
チームに何か楽しいことをやってもらいましょう。

あんたがたどこさじゃんけん

用意するもの

●ありません。

となりの席の人と遊びます。

▼

1 「おちゃらかほい」と同じように遊びます。

2 自分の左手のひらと相手の左手のひらをリズムに合わせて右手で
交互（こうご）にたたきます。

3 「さ」のところでじゃんけん。次の「さ」のところで好きなポー
ズをします。

38

4 勝った人のポーズ、負けた人のポーズを覚えておき、2回目のじゃんけんからは、勝ち負けに合わせてそのポーズを取ります。思わず笑ってしまうようなオーバーなポーズをとりましょう。

5 だんだんにスピードを速くして最後のポーズまで2人でやりきることをめざします。

あんたがたどこさ（じゃんけん）
ひごさ（ポーズ）
ひごどこさ（じゃんけん）
くまもとさ（ポーズ）
くまもとどこさ（じゃんけん）
せんばさ（ぽーず）
せんばやまにはたぬきがおってさ（じゃんけん）
それをりょうしがてっぽうでうってさ（ポーズ）
にてさ（じゃんけん）
やいてさ（ポーズ）
くってさ（じゃんけん）
それをこのはでちょっとかぶせ（ポーズ）

6 3回連続して成功させられたペアに拍手を贈りましょう。

バリエーション

　1回目のポーズを2回目はまねる。3回目は好きなポーズをとり、4回目は勝ち負けに合わせてそのポーズをまねる。というようにくり返すと1曲で3セットになりハードルがあがります。

新聞レイ競争

用意するもの

● 1面を半分にした新聞紙を多めに

縦(たて)の列がチームになります。

▼

1 列の先頭の人に新聞紙を
　1枚(まいわた)渡します。

チーム

▼

2 「よーいどん」で先頭の人は、新聞紙を手でちぎって、頭が通る
　穴(あな)を開け、首にかけます。

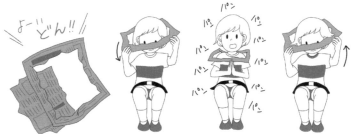

3 新聞紙を首にかけたまま拍手を１０回して、破れないように注意しながら新聞紙のレイを外し、後ろの人に送ります。

4 新聞紙のレイをかぶり、拍手１０回をリレーし、どのチームがいちばん速く最後の人にレイを送ることができるかを競います。

5 最後の人は、１０回拍手をしたあとに、レイを両手で高くあげ、「アロハ！」と叫びます。

6 途中でレイが破れてしまったら、新しい新聞紙を前から送ってもらい、破ってしまった人が新しいレイをつくってゲームを続けます。

バリエーション

●新聞紙のレイを２枚つくって、２枚とも首にかけ、１枚ずつ外して次の人に送ります。次の人も２枚かけてから拍手をします。２枚目を送るときに慌てて破ってしまうことが多くなりゲームが盛りあがります。

●新聞紙の大きさを変えてやってみましょう（１面、４分の１面など）

リレー作文

縦(たて)の列がチームになります。

1 先頭の人から1人2文字ずつ書いてリレーし、作文を完成させます。ひらがな、カタカナ、漢字など文字の種類は自由です。

チーム

2 句読点(くとうてん)は文字数に数えません。

ひらがな、カタカナ、漢字どれでもOK!

句読点「、」「。」は数えない

赤ちゃんがないているのかなと思ったけど、ほんとは鹿

3 いちばん後ろの人は4文字を加えて、前の席の人に送ります。

4 最後に先頭の人が2文字を加え、「。」（句点くてん）で終わるよう完成させます。

面白い作文をつくってみよう！

最後席
4文字

2文字

2文字

2文字

2文字

2文字

先頭

3文字リレー

4文字リレー

2文字リレー

決まった言葉から

5 各チームの作文を読みあげ、どのチームの作文の完成度が高いかを評価ひょうかし合います。

6 最後2文字で文章が完成できないときは、好きなだけ文字数を加えることができますが、加えた文字数分だけマイナスポイントになります。

文字数ばっちりで完成！

赤ちゃんがないている
のかなと思ったけど、
ほんとは鹿が走ってたの
で私は笑う。

加えた文字数だけ
マイナスポイント

今日はいつものように
動物園に行くために学校
へ行かないでお腹が痛いと
思ったけど、すぎて勉強て

①　②　③　④　⑤　⑥　⑦　⑧　⑨　　　　⑩　　　⑨

例：赤ち→ゃん→がな→いて→いる→のか→なと→思っ→たけ→ど、ほんと→は鹿しか…

バリエーション

・はじめのことばをあらかじめ書いておき、それに続く作文を完成させます。

　　例：「今日の遠足は」→ 2文字ずつリレーする。

・3文字ずつ、4文字ずつと文字数を変えてみる。

音あてゲーム

用意するもの

●お題となる音を事前に録音しておく

横の列の４人がチームになります。

1 お題の音をバスのスピーカーから流します。

コッ コッコッ
コッコッ

コッコッコッ
コッコッ

チーム

2 チームで相談して何の音か考えます。

コッ コッコッ
コッ コッ

コッ コッ
コッコッ コッ

なんだろう

学校で聞く

聞いたことあるなぁ

黒板じゃない？

44

3 「せーの」で全員が同時に答えます。

▼

4 正解だったチームにポイントが与えられます。

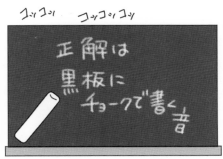

例：紙を丸める音、水滴がお鍋の底を叩く音、楽器の音、掃除機の音、豆をざ
　　るに入れて転がす音、黒板をチョークでこするキーっという音、シャワー
　　の音、風船が割れる音、スケートボードの音…

ダーツゲーム

縦の列がチームになります。

▼

1 列ごとに、「ハートチーム」、「ダイヤチーム」、「クラブチーム」、「スペードチーム」に分かれます。

♥チーム ♦チーム ♠チーム ♣チーム

2 それぞれのチームマークのカードを人数分用意、シャッフルして前の人から1枚ずつ引きます。（チームが9人であれば、1〜9のカード）

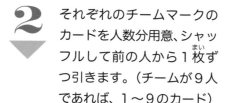

シャッフル

3 自分が引いたカードの数字を覚えて、トランプを先頭の人にもどします。

4

先頭の人は、戻ってきたトランプをよくシャッフルし、裏にして持ちます。

5

先頭の人は、いちばん上にあるトランプをめくります。出てきた数字の人がなぞなぞの回答をします。

9の人
なぞなぞです。
ボールはボールでも
四角いボールって
どんなボール？

3
9
5
7
6
2
10
1
4
8

6

4人同時に回答して、正解できたら、その人の数字がチームの得点になります。間違ったり、答えられなかったりしたら0点です。

正解
段ボール
プラス1ポイント

不正解
ラグビーボール？
0点

トランプを上から順にめくっていき、なぞなぞに答えていきます。

チームの合計得点が順位となります。

47

遊び道具を使わずに楽しむ

　みなさんは、休み時間にどんな遊びをしていますか？ドッジボールサッカー、一輪車や大縄跳び、鉄棒かな？たかオニやこおりオニかな？ボールや走るのが苦手だから外には遊びに行かないって言う人もいるかもしれませんね。

　バスレクや移動教室の宿でのレクリエーションは、メンバーみんなが楽しめるものにすることが大事です。高学年と低学年の「きょうだい班」で遊ぶときに、年下の子どもたちも自分たちも楽しめるゲームをするように、誰もが楽しめることをいちばんに考えましょう。

　この本で紹介している遊びの中には、チームで競争するようなものも多くありますが、勝ち負けにこだわりすぎると「つまらない」と思う人が増えてしまいます。ゲームに勝てたときよりも、途中の失敗やアクシデント、想定外の結果、思いがけない「事件」の方がより思い出に残って「あの時は面白かったよね」といつまでも笑い合えるものになったというような経験を誰もが持っているのではないでしょうか。わざとでないからこそ、一生懸命遊んだからこそ起こるハプニングにこそ、遊びのほんとうのおもしろさがあります。

　勝敗に夢中になりすぎているなと感じたら、一度遊びを中断して、レクで集まった「目的」をみんなで確認し合ってみましょう。責め合うのではなく、「やりすぎちゃったね」、「言いすぎちゃったね」、「もう１回楽しんでやろうよ」って言う気持ちで語りかけ、みんなが「そうだね」ってうなずきあえたらゲームの再開です。

　決めたプログラム通りでなくてもいいんです。ルールの付け足しや変更を提案してみたり、「こっちの遊びはどうかな？」と提案し直したりして、メンバーの意見も取り入れながらみんなが楽しめるレクの時間をつくりましょう。

室内遊び

室内などで、仲間たちみんなで楽しむ遊びです。
身体と心が触れ合う楽しい遊びは、仲間の絆を
いっそう強めてくれるでしょう。

ダルマ落とし

7～8人のチームで競います。

1 重ねた座布団や段ボールの上でジャンプする間に1枚ずつ「ダルマ落とし」のように抜いていきます。

ジャンプする人　　　座布団を抜く人

2 ジャンプする人を決めます。他の人は交代で座布団（段ボール）を抜いていきます。

3

「よーいどん」で一斉にスタート。どのチームが速く成功できるかを競います。

4

ジャンプする人が、座布団から落ちてしまったら最初からやりなおしです。

ジャンプする人

バリエーション

・ジャンプする人を順に交代し、抜く人を1人に決めてやってみましょう。

51

座布団リレー

用意するもの

●座布団、各チーム2枚

6人〜8人のチームで競います。

1 チームごとに左右に分かれ1列に並びます。

2 先頭の人は、座布団の上に正座で座り、もう1枚の座布団を前に置きます。

3 「ヨーイドン」で前の座布団に飛び移ります。（前の座布団の横に手をついて腕の力で体を浮かせて前の座布団に移る。）

4 後ろの座布団を取って前に置き、同じように飛び移ります。

5 座布団1枚ずつ前に進んで、反対側にいる見方にタッチし、リレーします。

6 どのチームが最初にゴールするかを競います。

バナナオニ

●ありません。

教室くらいの広さで遊びます。

1 7人〜8人ごとに1人の「オニ」をきめます。

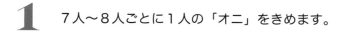

オニ

2 オニに捕まった人は、両腕を高くあげて手のひらを合わせ「バナナ」のかっこうになります。バナナになった人はその場から動いてはいけません。

54

3 捕まっていない人は、バナナになった人を助けることができます。助けるには、バナナになっている人の腕をバナナの皮をむくように下に下げます。1人が下ろせる腕は1本だけです。別の人が残ったもう一方の腕を下げてくれたら、その人は解放され、オニから逃げることができます。

4 全員がオニに捕まってバナナになったらゲーム終了、オニを交代します。

注意：オニがなかなか全員を捕まえることができないときは、オニを増やしたり、交代したりして、オニが疲れて嫌にならないよう工夫しましょう。

バリエーション

1. 増えオニバージョン：オニに捕まった人は、オニになります。オニから逃げている人は、捕まりそうになったときに、「バナナ！」と宣言して、バナナの形になってオニをやり過ごすことができます。オニがどんどん増えていくスリリングな遊びになります。

2. 変わりオニバージョン：増えオニバージョンと同じように、逃げている人は、「バナナ」と宣言してオニから逃れることができます。オニにタッチされたらオニを交代します。低学年向きの遊び方です。

フチオニ

用意するもの

●ありません。

広い和室やラインが引いてあるスポーツ室で遊びます。

▼

1 オニを決めます。

▼

2 オニは、畳のフチや床のラインの上しか移動できません。オニに捕まった人は、オニになります。

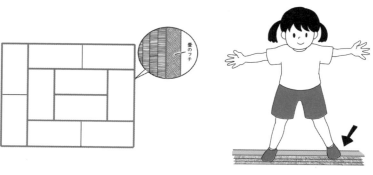

3 逃げる人は畳のフチや床のラインを踏んではいけません。オニが増え、オニに取り囲まれて別の畳に移動できなくなったらゲーム終了です。

成長じゃんけん

●ありません。

教室くらいの広さで遊びます。

▼

1 じゃんけんに勝つたびに「成長」していきます。

腕だけではいはい　→　ひざをついてはいはい　→　しゃがんでアヒル歩き
→　ひざ歩き（中腰）　→　立ち歩き　→　腰を曲げ歩き　→　天国

2 最初は全員が「腕だけはいはい」です。誰でもいいのでじゃんけんをします。じゃんけんに勝ったら1つ「成長」します。負けたらそのままです。

3 同じ成長期にある人どうしでじゃんけんをします。別の成長期の
人とはジャンケンできません。

4 勝ち進んで、「天国」まで進んだら
ゴールです。

5 最後、それぞれの成長期に1人ずつ「成長できなかった人」が残り
ます。

巨大リバーシ

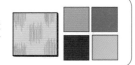

4チームに分かれて競います。

1

段ボールの裏表にそれぞれ違う色の折り紙を貼ります。同じパターンばかりにならないよう工夫しましょう。

例：

	赤	青	緑	黄	
赤		17	17	16	50
青	16		17	17	50
緑	17	16		17	50
黄	17	17	16		50
	50	50	50	50	200

2

部屋にカードをばらまきます。

3 ヨーイドンでカードを自分のチーム
の色になるよう裏返していきます。

4 制限時間は 60 秒です。
ストップの合図で、
カードから離れます。

60秒

5 表になっている色の数を数え、より多いチームの勝ちとなります。

28

35

15

22

バリエーション

1．それぞれのチームのカードに「ボーナスカード」を 1 〜 2 枚つくり、
　そのカードが表になっていたらボーナスポイントを与えます。

　　例：「合計の枚数プラス 5 枚」

2．2 色対抗、3 色対抗など、グループの数に合わせて工夫しましょう。

じゃんけんとり

●ライン用の養生テープ

2チームに分かれて遊びます。

1 部屋の両端に分かれてそれぞれ1列に並びます。先頭の人の位置（スタートライン）と1歩前のところ（ゴールライン）に養生テープでラインを引きます。

スタートライン

ゴールライン

2 先頭の人から順に前に進み、出会ったところで「ドン・ジャンケン」をします。負けた人は、チーム替えになり、相手チームの後ろに並びます。勝った人はそのまま前に進みます。

よ〜い
スタート!!

3 自分のチームの人が負けたら、すば
やく次の人がスタートラインから前
に出て、進んでくる相手チームの人
と「ドン・ジャンケン」します。

負けた人

勝った人

前の人が負けたら
スタート

4 勝ち進んで相手チームのゴールラインに足でタッチしたら勝利で
す。

相手チームの
ゴールラインを
タッチ！

バルーン風船リレー

用意するもの

●マジックバルーンと風船を
チーム数分

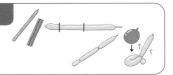

2チームに分かれて競います。

▼

1 マジックバルーンで「おたま」の形をつくります。風船をふくらませ、マジックバルーンのおたまに乗せます。

▼

2 バルーンと風船をバトンにしてリレーします。

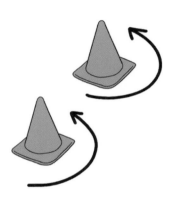

３億円ゲーム

5人の場合
5人×5枚

壱億円

2チームに分かれて遊びます。

1 銀行係を1人決めます。銀行係は、1人に1億円札を3枚ずつ配ります。残ったお札は銀行係が持ちます。

2 メンバーどうし、自由にじゃんけんをします。負けた人は、勝った人にお札を1枚渡します。

じゃんけん
ぽん！

負けたら1枚
勝った人に渡す

3 負け続けてお札が無くなってしまった人は、銀行係の前に行き、頭を下げ、銀行係の人とじゃんけんをします。銀行係の人に勝ったら、お札を1枚手に入れ、ゲームに復活することができます。

残金
0円

壱億円
壱億円
壱億円

ペこり

じゃんけん
ぽん！

4 銀行係のお札が全部無くなったらゲームセットです。お札を多く集めた人が勝ちです。

壱億円

勝ったら銀行係から
一枚もらって
復活

もうお金は
ありません

6枚

11枚

ゲーム終了

1枚

7枚

ハンカチ取りオニ

用意するもの

●ハンカチかタオル

7人から15人くらいで遊びます。

1 円になって並び、座ります。オニを1人決めます。オニは円の真ん中に座ります。

2 ひと結びしたハンカチかタオルをオニが持ち、円に並んでいるメンバーにパスして遊びがスタートします。

3 パスされた人は、オニが3つ数える間に、円の反対側のだれかにハンカチをパスします。

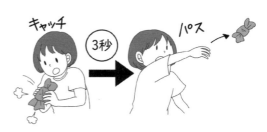

68

4

パスしたハンカチをオニに取られたら、オニを交代します。オニもメンバーも座った場所から移動しなければ、身体を前や後ろに倒れ込んでキャッチしてもかまいません。

反対側の人に投げる

アウト!!

オニがキャッチ

キャッチ　キャッチ

5

パスをうまく送れずに床にハンカチが落ちてしまったら、オニを交代します。

アウト!!

パス失敗

6

投げた人に投げ返したり、オニが絶対に取れないようなパス（例えば両どなりの人など）をした場合もオニを交代します。

アウト!!

オニが絶対取れないようなパス

7

5回オニになったら何か楽しいパフォーマンスをしてもらいましょう。

切り離しオニ

用意するもの

●ありません。

１０人〜１５人くらいで遊びます。

1 手をつないで円になって並びます。ネコを１人、ネズミを１人き
めます。

ネコ

ネズミ

2 ネコとネズミは円から外れ
ます。（２か所手がつながっ
ていない「穴」ができます）

3 ネコはネズミを追いかけてつかまえます。

4 ネズミはつかまらないように、円の外を回ったり、穴から中に入ったり、抜けたりします。

5 ネズミは、円の外を回っているときに誰かの背中を押して、その人を円から切り離し、代わりに手をつなぐことができます。切り離された人がネズミになります。

6 ネズミは最初に空いていた穴に入って穴をふさぐことができます。ネズミは穴をふさぐと同時に「右」か「左」と言います。「右」と言われたらネズミの「右どなり」の人が新しいネズミになります。（「左」のときは「左どなり」の人）

 ネコがネズミを捕まえたら、ネコとネズミが交代します。

王さまとり

用意するもの

●ありません。

15人～20人くらいで遊びます。

1 2つのチームに分かれます。

2 チームごとに相談して、「王さま」を1人決めます。相手のチームにはないしょです。

3 王さまが決まったら、「かいせんどん（開戦どん）」とみんなで言って遊びをスタートさせます。

4 相手チームの人と誰でもいいのでタッチしてじゃんけんをします。タッチされた人は必ずタッチした人とじゃんけんをしなければなりません。

5 じゃんけんに負けた人は、その場所にしゃがんで動いてはいけません。

勝った人

負けた人

6 じゃんけんに勝った人は、そのまま遊びを続けることができます。

7 みかたの王さまにタッチしてもらうと、負けた人は「生き返る」ことができます。

生き返り

タッチ

タッチ

8 王さまが敵にタッチされ、じゃんけんで負けるとそのチームの負けとなります。

じゃんけんぽん

王さま

＊相手チームのメンバーの動きをよく見て、王さまをいち早く発見し、タッチしに行くことが勝利のコツです。どうしたら王さまを見つけられないようにするか、敵にタッチされないようにするかも考えましょう。くり返し遊ぶことで作戦や行動の「知恵」が高まります。

バリエーション

・遊びに慣れたら、王さまの他に「大臣」を1人か2人決めます。大臣は王さまと同じように負けたみかたを助けることができます。大臣がじゃんけんで負けたときは、みんなと同じようにその場にしゃがみ、王さまのタッチで生き返ることができます。大臣が活躍すれば王さまが敵にばれるのを防ぐことができます。

下剋上じゃんけん
げ こく じょう

20人〜30人くらいで遊びます。

▼

1 じゃんけん遊びです。勝つごとに、「足軽」 → 「小姓」 → 「奉行」
こ しょう　　　　　 ぶ ぎょう
→ 「老中」 → 「大名」と位が進みます。

足軽　　　小姓　　　奉行　　　老中　　　大名
　　　　　こ しょう　　ぶ ぎょう

2 最初は、全員が「足軽」です。

▼

3 同じ位の人と「どんじゃんけん」をして勝つと位がひとつ進みま
す。負けた人は、位がひとつ下がります。

例1：「足軽」Vs.「足軽」勝った人は、「小姓」になる。負けた人は「足軽」のまま
　　　　　　　　　　　　　　　　　　　こ しょう
例2：「奉行」Vs.「奉行」勝った人は、「老中」に、負けた人は「小姓」になる。
　　ぶ ぎょう　　ぶ ぎょう　　　　　　　　　　　　　　　　こ しょう

4 大名どうしでじゃんけんをして負けると、「足軽」にもどってしまいます。

5 時間を決めて遊び、「大名」になっている人に頭を下げて終わりです。

靴下リレー

用意するもの

● 自分の靴下

チームに分かれてリレーします。

▼

1 8人から10人ぐらいでチームをつくり、1列にならびます。

2 「よーいどん」で先頭の人から順番に立ったまま両足の靴下を脱いでいきます。

よーい
どん！

先頭
の人

76

3

最後の人は、脱いだ靴下をもういちどはきます。

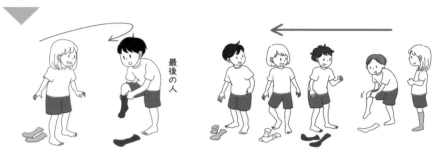

最後の人

4

後ろの人から順番に立ったまま靴下をはいていき、先頭の人がはき終えたらゴールです。どのチームがいちばん速くゴールできるかを競います。

＊立ったままでおこなうのがポイントです。急いで靴下をはこうとして、よろけたり、尻もちをついたりすることがあって大笑いすることも。

ゴール

おっとっと

すってーん!!

先頭の人

バリエーション

　最後の人がぬぎ終えて、はきなおすときに、１つ前の人が靴下をはかせてあげます。同じように順に前の人が後ろの人の靴下をはかせ、先頭の人まで来たら、いちばん後ろにいた人が前に出てきてはかせてあげてゴールです。

背文字送り

7人から10人くらいでチームをつくります。

1 チームごとに1列に並びます。

お題は
「**お**」

2 後ろの人から順番に前の人の背中にお題の文字を書いて送ります。
しゃべってはいけません。

78

3

すべてのチームの先頭まで送られたら、先頭の人が「答え」を発表します。

先頭の人

4

正しく答えられたチームにポイントを与（あた）えます。

5

答えを間違（まちが）えたチームは、前の人から順に、自分はなんと書かれたと思ったかを発表していきます。

＊正解（せいかい）できなくても、勘違（かんちが）いのユニークさを楽しむことができる遊びです。

＊背中に書く文字を2文字、3文字と増（ふ）やしてみましょう。

●編著：**神代 洋一**

1953年目黒区生まれ

学生時代より、地域の子ども会活動のリーダーとして活動

明星大学 教育学部非常勤講師

NPO法人 東京少年少女センター理事長

元東京都品川区児童センター・学童保育指導員

主な著書に『楽しいバスレクアイデアガイド』（汐文社）、『安心感と憧れが育つひと・もの・こと』（明星大学出版部・共著）、『新特別活動』（学文社・共著）など。

●イラスト：**下田 麻美**

中央美術学園専門学校卒業後、フリーのイラストレーターとして活動。

最近では漫画の就職活動も行っている。

決定版 バスレクセレクション
❶なんでもビンゴ・うそほんと ほか

発　行　2020年12月　初版第1刷発行

編　著　神代 洋一

発行者　小安 宏幸

発行所　株式会社 汐文社

　　　　東京都千代田区富士見1-6-1

　　　　富士見ビル1F　〒102-0071

　　　　電話：03-6862-5200　FAX：03-6862-5202

　　　　URL：http://www.choubunsha.com

印　刷　新星社西川印刷株式会社

製　本　東京美術紙工協業組合

ISBN978-4-8113-2782-2　　　　　　　　　　　　NDC790